HELEN LEVITT

MEXICO CITY

HELEN LEVITT

MEXICO CITY

with an Essay by

James Oles

—

A DOUBLETAKE BOOK

PUBLISHED BY THE CENTER FOR DOCUMENTARY STUDIES

IN ASSOCIATION WITH W. W. NORTON & COMPANY

NEW YORK · LONDON

W. W. Norton & Company, Inc. · 500 Fifth Avenue, New York, New York 10110

http://www.wwnorton.com

W. W. Norton & Company, Ltd. · 10 Coptic Street, London WC1A1PU

To order books, call W. W. Norton at 1-800-233-4830.

1 2 3 4 5 6 7 8 9 0

First Edition

ISBN 0-393-04549-8

DoubleTake Books & Magazine publish the works of writers and photographers
who seek to render the world as it is and as it might be, artists who recognize the
power of narrative to communicate, reveal, and transform. These publications
have been made possible by the generous support of the Lyndhurst Foundation.

DoubleTake

Center for Documentary Studies at Duke University

1317 West Pettigrew Street, Durham, North Carolina 27705

http://www.duke.edu/doubletake/

To subscribe to *DoubleTake* magazine, call 1-800-234-0981, extension 5600.

Contents

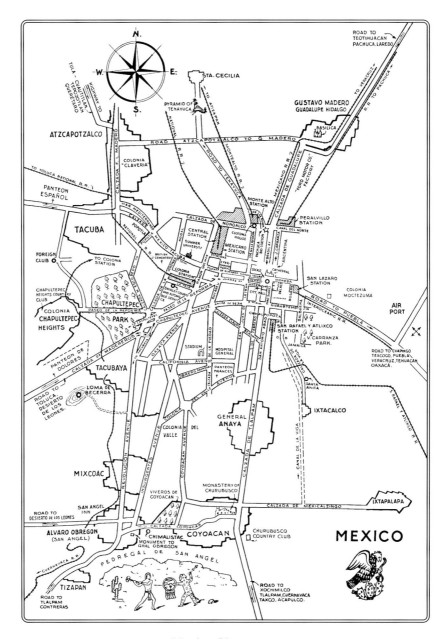

Mexico City, c. 1935

Adapted from Anita Brenner's *Your Mexican Holiday: A Modern Guide*, G. P. Putnam's Sons, 1935

HELEN LEVITT'S OTHER CITY

From the vantage point of the late 1990s, Mexico City seems almost inexplicable, ungraspable. The city spreads beyond its official borders deep into neighboring states, forming an expanse of urban construction that is broken only by the surrounding mountains and that can be fully appreciated only from the air. Rather than watch weather reports, its citizens follow the smog levels, reported every morning in terms of *imecas*, a mysterious term that few can decipher and that never really describes the yellowish pall that hangs over the city on most days. History and time are collapsed, and different epochs become one: a McDonald's is housed in an eighteenth-century palace, old women sell tiny piles of avocados just outside the entrance to the Metro. Political controversies and corruption scandals, hyped in graphic detail on the front pages of a seemingly infinite array of daily newspapers, disappear as quickly as they emerge, like the city's luxury restaurants and sleek nightclubs, which open—and close—at an astonishing rate. Given the rising levels of crime, riding in a taxi or asking directions from the traffic police can be more like playing Russian roulette than simply getting around in a congested urban landscape where 90 percent of the residents have no idea where 90 percent of the streets or neighborhoods are. Although the city's growth rate has finally slowed from the explosive advances of the 1970s and 1980s, the precise population (18 million? 20 million?) remains unknown, and most inhabitants take perverse pride in insisting that, despite the competing claims of Lagos or Shanghai, Mexico City is indeed the largest city in the world. Numerical superiority, somehow, serves to relieve the tension.

When Helen Levitt arrived in Mexico in 1941, the capital still had many of the characteristics and traditions of a small town, albeit one on the verge of rapid and irreversible change. According to the official census of 1940, the population of Mexico City, or what the statisticians termed the "metropolitan zone," was only about 1.6 million. The city then consisted simply of the compact colonial center, closely surrounded by nineteenth-century residential districts (known as "colonias") and, slightly farther out, by zones of light industry. Streetcar lines led from the Zócalo, the city's central plaza, out to a series of old colonial towns, places like San Angel and Coyoacán, Tacuba, and Tacubaya, separated from the center by farms and canals, and even the occasional hacienda. To "manage" the growth of the rapidly expanding city (which had tripled in size since 1910), the municipalities of the capital and several surrounding towns had been subsumed into a single bureaucratic superstructure in 1929, but the outlying suburbs were still discrete entities in the early 1940s. Complaints about "chaotic" urbanization had been voiced by critics such as Salvador Novo as early as the 1920s, but the time of subterranean garages and the Metro, of truly apocalyptic traffic congestion and relentless levels of noise, had not yet arrived.

The social and political turbulence of the Mexican Revolution and the economic policies of the later administrations of Manuel Ávila Camacho (1940–1946) and Miguel Alemán (1946–1952), coupled with the boom in industrialization and exports during the Second World War, brought both expansion and rapid change. By the time Levitt arrived in Mexico, government policy was already shifting from the protectionist nationalism of the 1930s toward an increasingly internationalist agenda, with a greater focus on industrial development. Since most major factories were concentrated in the capital, millions of people abandoned rural areas, lured by the promise of regular wages and modern amenities; traditional boundaries were quickly overwhelmed. The "Old Mexico" of song and legend, though not lost, was increasingly threatened.

But Helen Levitt had not planned her trip based on the hyperbole of travel-ogues or the nation's artistic splendors; she was not searching for lost primitives or ancient traditions, nor was she fleeing from urban tensions or billboards or jazz. On the contrary, the modern city was her frame of reference as much as the viewfinder on her camera. This had been true in New York City early in her career, and would be so during her stay in Mexico as well. Working almost exclusively in urban and semiurban areas of the capital, she confronted the conflicts and juxtapositions that provided inescapable evidence of Mexico's presence in the modern world. Over half a century later, her photographs provide useful codes for deciphering the confusing city of today.

—

The list of foreign photographers who worked in Mexico in the first half of this century is an extensive one. Some, like Guillermo Kahlo and Hugo Brehme, or the group of Spanish refugee photojournalists known as the Hermanos Mayo, relocated permanently in the country, but most were merely visitors. They were drawn to Mexico for a variety of reasons: to catalog the nation's historical monuments, to witness and record the violent civil war of 1910–1920, to join the artistic renaissance of the postrevolutionary decades, to escape the pressures of the machine age, and to capture on film what they believed to be a more authentic and communitarian world. Almost all of these photographers passed through Mexico City, or even settled there briefly, but before the 1950s, most—and particularly those from the United States —avoided the city as a source for image making. The same holds true for artists working in other media: although the picturesque and traditional still could be found in the capital, the "authentic" Mexico, the Mexico to be exalted and preserved was thought to lie elsewhere, in the small towns and villages where modernization had not yet intruded.

The presence of Edward Weston in Mexico from 1923 to 1926 is a case in point. Before arriving, Weston had embraced modern industrial forms,[1] and he did work occasionally in Mexico City itself, taking photographs of street scenes from the roof of his apartment, investigating the crowded patio of a tenement house, cataloging the murals painted on the exteriors of *pulquerías,* the neighborhood taverns that sold pulque, the fermented sap of the maguey cactus. Yet most of his Mexico City images are less about urban tensions or dynamics than about surviving patterns of traditional life. For photographs of a modern Mexico City in the 1920s, one must turn instead to the work of Tina Modotti. Her series dedicated to the construction of a new concrete stadium in the late 1920s, or her "Tank, No. 1" ("Tanque de gasolina 1," 1927), which shows an enormous steel oil tank, are optimistic homages to the technological and industrial forms slowly transforming the capital. Modotti's vision was not entirely positive, however. "Elegance and Poverty" ("La elegancia y la pobreza"), her didactic, if effective, photomontage of around 1927, recasts the class struggle as a multivalent contrast between the billboard and the bent figure of the man, between painted fictions and bedraggled humanity. Although in message and construction much less subtle, the image is an important precedent for Levitt's own sensitivity to found texts and advertisements, and for her examinations of despondency and suffering on the same streets over a decade later.

Although the Mexican photographers Manuel Álvarez Bravo and Agustín Jiménez, among others, took Mexico City as a major field for exploration in

1. Weston's 1922 photograph of the smokestacks of the Armco steel plant in Ohio was chosen to illustrate the cover of the Mexican avant-garde magazine *Irradiador* in 1924, for it projected an ideal of modernity then being promoted by a sector of the Mexican artistic community ill at ease with the nation's "backward" reputation. For details, see Amy Conger, *Edward Weston in Mexico, 1923–1926* (Albuquerque: University of New Mexico Press, 1983), pp. 17–18.

Tina Modotti
—

Elegance and Poverty · La elegancia y la pobreza, c. 1927

Courtesy of Fototeca del Instituto Nacional de Antropología e Historia, Pachuca, Mexico

the 1930s, few visiting artists were interested in Mexico's urban contrasts or industrial forms. Even more than Weston, photographers such as Anton Bruehl and Paul Strand were in flight from the metropolis itself, and spent their time in villages where such signs of the twentieth century as electric cables or commercial advertisements were practically absent (or at least easy to keep out of the frame). The elegant portfolios of Bruehl's and Strand's Mexican work, published in 1933 and 1940 respectively, provide almost no trace of the modern world, and confirmed for their American audiences a vision of Mexico as unspoiled, as locked in an idyllic past.[2] Fritz Henle, who visited Mexico in 1936 and 1943, included just five scenes of "modern" Mexico in his best-selling book of sixty-four images, published in 1945; of these only one is of an identifiable scene in the capital.[3] Even Henri Cartier-Bresson, who took photographs on and around the Calle Cuauhtemoctzin (Mexico City's red-light district) on his first visit to the country in 1934, also worked extensively in Juchitán, on the isthmus of Tehuantepec, a tropical region that evoked both the exotic and the primitive.

Helen Levitt was the only important visiting photographer of the first half of the century to confine herself to Mexico City itself. Levitt chose to ignore the sleek art deco office buildings and apartments, the newly paved streets and traffic circles, the type of development promoted by the government in tourist brochures as evidence of growth and prosperity. In her photographs, modernization appears as a messy process, leaving awkward visual juxtapositions and even more awkward social repercussions in its wake. Her method of street

2. See Anton Bruehl, *Photographs of Mexico* (New York: Delphic Studios, 1933) and Paul Strand, *Photographs of Mexico* (New York: Virginia Stevens, 1940). See also James Oles, "México en veintitantas tomas: La obra mexicana de Paul Strand y Anton Bruehl," *Luna Córnea* 1 (Winter 1992–93): 72–83.

3. Fritz Henle, *Mexico* (Chicago: Ziff-Davis, 1945).

Anton Bruehl

———

Peanuts and Oranges, Mexico City · Cacahuates y naranjas, ciudad de México, 1933

Courtesy of Throckmorton Fine Art, Inc., New York

photography and her subject matter contradicted the rhetoric of progress, and would not be widely accepted in Mexico until the late 1940s and early 1950s, with the advent of such photographers as Nacho López and Lola Álvarez Bravo. It is no coincidence that about the same time the Mexican film industry also began to represent the difficult process of urbanization, particularly in such movies as *Nosotros los pobres* (1947), *Salón México* (1948), and most famously in Luis Buñuel's masterful rendition of Mexico City's poor, *Los olvidados* of 1950. In 1941, before Mexico joined the war on the side of the Axis and just after the departure of the last "true" revolutionary (Lázaro Cárdenas) from power, the city remained poised between its traditional past and its chaotic future. Just a few years later, the slums and street gangs and seedy bars of the city would become the dominant signifiers of the nation's urban heart, signifiers that remain powerful today.

In the spring of 1935, Levitt saw an exhibit of photographs by Henri Cartier-Bresson, Walker Evans, and Manuel Álvarez Bravo at the Julien Levy Gallery in New York City.[4] The show included images of Mexico by Cartier-Bresson and Álvarez Bravo, and may have subtly inspired her later work in that country. More importantly, Levitt followed Cartier-Bresson's lead (whom she met soon after seeing the show) and adopted the diminutive Leica camera, which allowed her to capture people on the streets in an instant, with a minimum of technical baggage.[5] While still in New York, Levitt also began working with a right-angle viewfinder, through which she could take photographs while fac-

4. *Documentary and Anti-Graphic: Photographs by Cartier-Bresson, Walker Evans & Alvarez Bravo* was on exhibit from April 23 to May 7. The show was based on one of Cartier-Bresson and Álvarez Bravo that had opened at the Palace of Fine Arts in Mexico City earlier that same year.

5. Although Cartier-Bresson had used a Leica in Mexico in 1934, the Hermanos Mayo are generally credited with introducing this type of camera to Mexican photojournalists.

ing away from her subjects. Evans and Ben Shahn had used this device in their own street photographs, and Levitt was certainly inspired by their example. Levitt did not know it at the time, but Strand had also used a similarly covert approach during his own visit to Mexico in the early 1930s, although his massive Speed Graflex left little doubt as to his occupation—and purpose. For Levitt, the viewfinder was less a means of stalking unwilling prey than an attempt not to disturb an ongoing reality, to remain on the margins. Intrigued by the living drama of the world before her, she was not about to jump from the audience and announce her arrival.

Levitt had been working seriously as a photographer for only about five years before she traveled to Mexico; the result would be the only major body of work she created outside of New York. She left New York City in the spring of 1941 with Alma Agee and Alma's infant son Joel.[6] Alma was escaping from her marriage with the writer James Agee, and Mexico was an appropriate destination: foreign and inexpensive; recommended by friends who had recently traveled there; hyped by Hollywood and by scores of books and essays and exhibitions. Perhaps most significantly, it was also insulated from the war that was tearing Europe apart for the second time in the century. James Agee supported the venture, not only purchasing tickets for them on a steamer that sailed via Havana for Veracruz, but occasionally sending both women money during the summer.

While their ship was docked in Havana, they rented a taxi for a half-hour drive around the city, which Levitt remembered as "jumping." Batista had just been elected president, and Havana was enjoying its heyday as the pleasure

6. Much of the information that follows is based on a lengthy series of interviews between the author and Helen Levitt, held in 1994 and 1995. Alma Agee's own recollections of the trip are discussed in Alma Neuman, *Always Straight Ahead: A Memoir* (Baton Rouge: Louisiana State University Press, 1993).

ground of the Americas. Arriving in Veracruz, however, Levitt found the port depressing. Perhaps the reality of Mexico would simply take some getting used to. Driving over the mountains from Veracruz to Mexico City (in Alma Agee's Chevrolet, which they had taken with them on the ship), Levitt would find everything familiar, as if she had seen it already in the movies. By the 1940s, the traditional scenery of rural Mexico—the fields of maguey cactus, the volcanoes, the churches and adobe walls, the peasantry—had been so overrepresented, by both Mexicans and visitors, working in all media over the past two decades, that there was apparently nothing new left to say.[7] In fact, when the basic elements of these clichés do appear in her Mexican photographs, they are transformed to such an extent that they are almost unrecognizable.

Through the poet Muriel Rukeyser, Levitt and Alma Agee had a single contact in Mexico City: a German refugee and pediatrician named Rudolf Neumann (whose services were especially needed, since Joel had been ill since their departure from New York). The two women stayed briefly in a hotel and then moved out to the Rancho Blanco, a hacienda near San Bartolo Naucalpan, past Tacuba on the highway to Querétaro. Their stay coincided with a visit in April by fourteen Hollywood stars and directors ostensibly in Mexico to lend their support to the country's "Semana Cinematográfica," although they were mainly there as commercial ambassadors for an industry seeking to boost revenues in Latin America during the war.[8] Levitt only remembers see-

7. For an overview of visual representations, see James Oles, *South of the Border: Mexico in the American Imagination, 1914–1947* (Washington, D.C.: Smithsonian Institution Press, 1993); on photographers in general, see Carole Naggar and Fred Ritchin, *Mexico through Foreign Eyes* (New York: W. W. Norton, 1993).

8. See "Turistas de Hollywood," *Hoy* 217 (April 19, 1941): 8–9; Amadeo Anton Vásquez, "Mundo sin palabras," *Así* 23 (April 19, 1941): 20–21.

ing Mickey Rooney, but Frank Capra, Norma Shearer, Lucille Ball, and Desi Arnaz, among others, were there as well. The Rancho Blanco had been newly renovated to accommodate such visitors, who were flocking to Mexico because of the increasing difficulties of travel in Europe. Its main attractions were weekend bullfights, and less frequent *charro* shows and folk celebrations.

Levitt recalls all of these events and took a few pictures, though most were just snapshots of the crowds and the dancers. A few photographs from Rancho Blanco stand apart, however. In one, two men race with a bull across a grassy patio; their slanting bodies echo the row of columns in the background. The rope that they hold and that leads the animal to the coming spectacle traces diagonally across the image, not quite tense, not quite slack. Poignant and elegant, the photograph also captures a rapidity of movement and an energy that Levitt would rarely find in the streets. In an image of the bullfight itself, the toreador is merely a hapless guest in vest and tie, and her chaotic assemblage of elements directly subverts the pompous and elegant theatrics of the more formal *corrida de toros*.

Soon after their arrival in Mexico City, Alma Agee began a relationship with the left-wing German author Bodo Uhse, in Mexico because of the war, whom she eventually married. The situation left Levitt with time to dedicate to her work, and she soon moved back into the city (the Rancho Blanco, if charming, was too remote), taking up residence in Uhse's old apartment at Sinaloa no. 42 in the Colonia Roma, not far from the Plaza México, a bullring since replaced by a department store. Unlike Weston, Strand, or Cartier-Bresson, she made contact with none of the artistic circles in Mexico City. Instead, during the summer of 1941, she found herself on her own, exploring her new, if temporary, home. Slowly amassing an insightful and dramatic body of work, she passed largely unnoticed not only by her subjects but by any prospective critics or admirers: her negatives were not even printed until after her return to the United States.[9]

Levitt's Mexico City photographs have no individual titles; instead, they are identified by only the vaguest of references to the places where they were made. She did not employ the charged poetic phrases used by Álvarez Bravo or the "slogans" used by Modotti, and thus provided almost no clues for subsequent readings. And although her vision of the Mexican capital is far broader in geographic scope than that of her contemporaries, in all of her Mexico City photographs there is only one overtly recognizable site: the seventeenth-century patio of the convent of La Merced, in the heart of the colonial capital. For the most part, the buildings and streets in her photographs refer only slightly to Mexico's "difference." The actors, more than the sets, are the main attraction, and are allowed to speak for themselves.

In Mexico City, Levitt occasionally encountered the innocence and movement that James Agee wrote of so eloquently in his discussion of her New York City photographs: a couple does a strange dance in the middle of a street; two children cavort through a vacant lot; a man plays a toy banjo; another man leads a troupe of dancing dogs dressed as miniature ballerinas, with a sidewalk audience. Just as frequently, though, the subjects of her pictures reel and totter, limp and grimace. For what Levitt discovered was a tragedy and a violence that she had not witnessed back home. But if her Mexico City work is different

9. Levitt's Mexico City photographs were included in several shows at the Museum of Modern Art in the early 1940s, including "Mexico: 8 Photographers," held in December 1943. This little-known exhibition also included work by Manuel Álvarez Bravo, Anton Bruehl, Fritz Henle, Antonio Reynoso, Bradley Smith, Paul Strand, and Edward Weston. Several of Levitt's pictures were reproduced in the specialized American press in the early 1940s, but none were ever published or exhibited in Mexico in the period, as had been true for the photographs of Weston, Strand, and Cartier-Bresson.

in tone and background from her New York photographs, it is not altogether different in conception. In New York City, Levitt had roamed the neighborhoods of East Harlem and the Lower East Side, where much of life's drama was enacted in public, on front stoops and along busy sidewalks, framed by storefronts—where the street was both playground and living room. Finding herself in Mexico almost by accident, surely not because she knew what awaited her, Levitt sought out districts like those she had explored in New York, particularly those inhabited by the working class, places that were busy with activity and full of possibilities. At the time, a Mexican journalist described these sections of the capital as providing a "theater with no audience, given that not even tourists—sniffing out the bizarre—adventure there. Because of this, everything has remained purer and more spontaneous, . . . superior to any fantasy, literary or pictorial."[10]

Even as Levitt immersed herself in the urban environment of the capital, she remained in a way peripheral to the city. Hardly noticed, she spent most of her time in the crowded market district in the colonial center and even more, in the western suburbs of Tacuba and Tacubaya. There, Levitt wandered for hours beneath advertisements for Orange Crush and Luxo lightbulbs, through vacant lots, along train and trolley tracks, past sidewalks and streets still under construction. These were areas other visiting photographers had avoided (or ignored), relatively far off the beaten track—and particularly distant from the typical tourist sites. Though she knew almost no Spanish, Levitt's photographs of Mexico City are filled with textual referents that mark the foreignness of the locale and that may reveal her ongoing search for humor and irony: a bus named "El Emperador" parked in a gas station that is anything but imperial; a tiny traveling advertisement attached to a bicycle,

10. Eduardo de Ontañon, "Escenografía," *Hoy* 214 (March 29, 1941): 72.

reading "soy biudo busco novia" ("widower seeks girlfriend"); a beggar closely cropped by the frame, juxtaposed with the side of a bus headed to Chula Vista ("Beautiful View"). Indeed, this last image emerges as a subtle restatement of Modotti's "Elegance and Poverty."

Perhaps because her preferred mode of street photography necessitated constant movement, not only of her subjects but of herself as the seeker of such subjects, Levitt was particularly attuned to cinematic effects, sometimes taking series of photographs in which the actions of children are revealed in stages. In one sequence, two barefoot girls play an unknown game, framed by the spare house façades of Tacubaya. The expression of one of these girls, who is captured in the pose of a juggler, is one of the few instances of uncontained joy that Levitt found in Mexico. In the first of a pair of images taken in the same neighborhood, a girl and a boy stroll away from the photographer, accompanied by a dog. In the second, the young girl returns whence she came, now without her companion—but the dog is still there, silhouetted against an open sewer. Market baskets sway from the arms of each child, indicating that despite their dance-like postures, they are engaged in some serious task (bringing something home? selling?), rather than carefree games. At the time, an American critic described these children as "returning to their village," situating them within the rural context that other visiting photographers had stressed in their work.[11] But Tacubaya, however undeveloped, was officially part of an expanding urban landscape. In fact, much of Levitt's Mexico City work captures this ambiguous relationship between rural and urban ways of life, between village and city, difficult to separate in a time of rapid change.

The rural contours of the metropolitan zone also appear in a series of images taken in the outskirts of Tacuba, where Levitt discovered magueys— a type of agave common in the highlands of central Mexico—draped with

11. Joseph Solman, "Helen Levitt," *Photo Notes* (Spring 1950): 15.

Manuel Álvarez Bravo

———

The Washerwomen Implied · Las lavanderas sobreentendidas, 1932
Courtesy of Robert Miller Gallery and Throckmorton Fine Art, Inc., New York

drying wash. Manuel Álvarez Bravo had already depicted the spikes of the maguey being used as an impromptu clothesline; in his "The Washerwomen Implied" ("Las lavanderas sobreentendidas"), taken in the state of Tlaxcala in 1932, stark white sheets cover the maguey with ghost-like forms (see page 21). Levitt's images of the same subject contrast with the formalist purity of both Álvarez Bravo's photograph and the famous silhouette of a maguey photographed by Edward Weston in 1926. In one close-up, a single pair of men's overalls, turned inside-out, seem impaled by the broken sword-like forms of the plant. In others, the clothing falls chaotically, tragically, practically concealing any remnant of "pure" natural forms. Here as elsewhere, Levitt veered sharply from the picturesque.

Levitt also investigated a section of Tacubaya known as the Colonia Dolores, where a network of sand mines housed dozens of poor families. Luis Buñuel's 1932 documentary *Land without Bread* had treated a similar region in Spain, known as Las Hurdes, with terrifying realism. The parallel was not lost on a Mexican writer sent to cover the local version in 1941 for the popular weekly *Así:* he denounced these settlements as being "ten minutes from the capital, but twenty thousand years from civilization. . . . Men, women, children, in the terror of barbarism." The accompanying—and uncredited—photographs depict the residents as living in squalor, surrounded by broken furniture and rags, with captions that echo the muckraking tone of the essay.[12] For the most part, Levitt maintained a respectful distance in and around these inhabited mines, eliminating all ethnographic details. Several images show the caves as part of a broader landscape, with attention paid to the abstract forms of the cliffs. Another photograph shows a girl surrounded by eroded masses of gravel and sand, on the boundary between darkness and light.

12. Jaime Sandoval Gómez, "Viven en cavernas," *Así* 27 (May 17, 1941): 29–32.

In Chapultepec Park, a short walk from her apartment in the Colonia Roma and not far from the sand mines of the Colonia Dolores, Levitt found tableaux of leisure, of family. The vast park functioned—and still does—as the lungs of the city, a destination for citizens of all social classes. In one image of a picnic, the participants seem to float on a sea of ivy, with a frieze of standing figures in the distance. In another, a father, his feet planted as firmly on the ground as an adjacent tree, places a hand on the shoulder of one son, while a second son momentarily drifts away. The adult's parental superiority, suggested by his formal position in the picture, is further reinforced by the children's attire; their carefully combed and greased hair and their identical sailor suits indicate both their conformity and their father's dominance. Though Levitt refused to take the partisan stance of many social documentary photographers (Shahn, for instance), it is hard not to read this image as a critique of the proud control of the bourgeoisie over their youngest members. And it is equally hard not to see the shining late-model car parked behind them as a symbol of a new, modern Mexico. The palm trees of the tropics, after all, are consigned to the distant background.

In the central zone of Mexico City, Levitt worked primarily in the congested streets surrounding the convent and market of La Merced, an area that over a half-century later still teems with pedestrians and street activity. One of the few well-known pictures from Levitt's 1941 trip shows two boys wrestling in the patio of the convent. The baroque gestures of their interlocked bodies partly echo the convoluted patterning of the seventeenth-century arcade that surrounds them. Curtains and an unpainted wooden fence—evidence of new inhabitants—have replaced the religious paintings visible in Désiré Charnay's similarly oblique photograph of the same courtyard, taken around 1859 (see page 24). But Levitt's image is less about historical connotations or architectural details than about children lost in play, set free in a space once reserved

Désiré Charnay
—

Convent of La Merced · Convento de la Merced, c. 1859
Courtesy of Pablo Ortiz Monasterio

for sacred ceremony.[13] Although the building seems almost incidental to the action, this may be one of the most frequently reproduced of her Mexican photographs not only because the playful attitude of the two boys has a spirit similar to her New York images of the 1930s and 1940s, but because the image is so clearly marked as Mexican. Where in the States could one find such an exuberant and ancient courtyard? Although Levitt captured the two boys from a distance, like a silent observer of their games, she also took several close-up portraits of them on the same day. These lack the poetic complexity of the more famous photograph, though they reveal that Levitt did not fully abstain from contact with her subjects. The portraits record handsome faces she once encountered: memories of a city to which she never returned.

In most of her other photographs taken in and around La Merced, adults rather than children are the protagonists. Not surprisingly, several of these pictures depict commercial displays on the street, in small shops or in market stands, although she ignored the picturesque piles of tropical fruit and displays of folk art that had intrigued so many other visiting artists. Women stand in a photographer's studio, framed by portraits; a blind man leans against the entrance to a fabric store; a woman sails through the market itself, as intense and as ephemeral as the two white birds trapped in her hands. One of Levitt's most poignant photographs depicts a woman selling tinware in a cramped stall, framed by the shimmering buckets and pails, the watering cans and braziers, behind her. Levitt has caught the woman in a private moment—staring into a tiny hand-held mirror, checking her teeth: vanity among the pots and pans. A man strolls through the market with a set of stylish black

13. Under the Ley Lerdo of 1856, all church property in Mexico was nationalized, and most convents and monasteries (and many churches) were converted to secular uses. In 1941, the patio of La Merced was a *vecindad*, or tenement.

Postcard, c. 1920
—

Hat and Basket Vendor · Vendedora de sombreros y canastas
Courtesy of James Oles

homburgs stacked on his head, an updated version of the nineteenth-century genre images showing street sellers, known in Mexico as *tipos* or types, which by the early twentieth century had degenerated into hand-colored postcards. The popularity of the *tipo*—especially for foreign viewers—always rested on its evidentiary status, as proof that Mexicans continued to buy and sell in the street, rather than in "modern" retail shops. With a keen sense of humor, however, Levitt confronts the stereotype with contemporary fashion—and reality.

In other photographs, men drink and totter before the swinging doors of cantinas and the faded murals of *pulquerías*. "The streets of Mexico are painted galleries," wrote Anita Brenner in 1929. "To the compact, picturesque poor quarters of the cities, pulque flowed carrying still a religious sediment. Hence the paper fringes, the ritual air, and hence the murals, waif bastards of raped temple decorations."[14] These folk murals, photographed extensively by Weston in the 1920s (see page 29), seemed the popular equivalent of the frescos by Diego Rivera, José Clemente Orozco, and others that were filling the corridors and stairways of government buildings in Mexico City. In the early 1940s, pulque was still easily available in the capital, despite campaigns by the local health department (and the growing beer industry) that labeled *pulquerías* as sources of disease and vice. The murals on the walls of the *pulquerías* had yet to disappear from the urban landscape.

Weston (and somewhat later, Manuel Álvarez Bravo) usually focused on the murals per se, framing them almost like easel paintings (the presence of any human subjects in their pictures seems almost accidental). Levitt viewed

14. Anita Brenner, "Street Murals in Mexico," *The Arts* 16:3 (November 1929): 163–64. The article is illustrated with three photographs by Edward Weston. For similar images by Manuel Álvarez Bravo, see Emily Edwards, *Painted Walls of Mexico* (Austin: University of Texas Press, 1966), pp. 146–54.

them more as backdrops to street activity, like the painted canvas backdrops unrolled at country fairs and pilgrimage sites by itinerant photographers. In one photograph, a naïve rendition of a peasant riding a burro through a field of maguey is subordinate to the three real men standing below. Two of them wear the overalls of the urban worker, although their straw hats form a visual parallel with their painted compatriot. To the right, framed by an open urban panorama rather than by the mural itself, a third man, in coat and tie, seems even more out of place than the workers. This juxtaposition of a clichéd rendition of "quaint" Mexico with the sartorial and class differences of the three figures animates the image—and our vision of the city in which Levitt worked. Similarly timeworn murals appear in the backgrounds of other photographs, always as part of the stage, never as the primary focus.

Again and again, Levitt framed Mexico City's people (and often their dogs as well) in doorways, or photographed them against adobe and brick walls. The doorway is the passage from private to public space, a site of waiting and watching, and often a place of protection, a literal frame for human existence. This, of course, is a major theme of her New York City work, apparent both before and after her trip to Mexico.

In Mexico City, however, the eroded walls and peeling paint heighten the solemnity of the action (or inaction) of her subjects. The spare geometry of the façades neither interferes with nor complements the actors. Entirely absent, for example, are the stairs and ornamental iron railings that form a leitmotiv in her New York pictures, providing a distance between sidewalk and door, an obstacle set between public and private. In the working class districts of Mexico City where Levitt worked, this distance is almost completely absent, yet she still did not hold back from her subjects, often approaching them at close range. Whether or not the subjects are aware of her presence, there is a sense of intimacy and vulnerability in many of these images that resembles

Edward Weston

—

Pulquería, Mexico City, 1926
Courtesy of Center for Creative Photography, The University of Arizona, Tucson

Henri Cartier-Bresson

—

Mexico, 1934

Courtesy of Henri Cartier-Bresson/Magnum Photos

her New York work. This is particularly clear in several pictures: a forlorn boy wearing a baseball mitt, his body splayed against a wall; a woman waving from a doorway; a couple holding hands, neither looking at the other.

And then there is the tragic. In Levitt's images, Mexico's streets are often populated by cripples and the downtrodden, by circus-like performances almost too crude to witness. In one of her especially difficult photographs, a man holding tortillas in one hand stares out at the photographer, contorting his face into a frightening mask. In this case, Levitt recalls that the man was drunk, acting for her, shouting in Spanish something like "Take a picture of a starving Mexican": a surprising demonstration of self-awareness, and a possible critique of the intruding camera. More often, Levitt depicted actual economic and social distress—much of it due to rampant urbanization and the dislocations that resulted from it—something she had not done in New York, at least not directly. But while hardly oblivious to suffering, Levitt was not engaged in social reform or exposé. Then as now, the visitor expected to find poverty in Mexico, and Levitt's isolated images have a more muted effect than the extended photo-essays of the photographers of the Farm Security Administration, sent out to catalog the Great Depression. Is that sleeping man on the stacked paving stones and drain pipes indigent, or drunk, or is he simply a worker catching up on sleep? Without an extended caption, what are we to make of the girl holding a dead rabbit, especially considering her smile?

In 1934, Cartier-Bresson had on occasion portrayed Mexico City's poor in a relatively direct manner, with few of the surrealist connotations of his more famous pictures from that year. One image of a man lying on the sidewalk, perhaps suffering the consequences of a night spent drinking, does depict some of the raw misfortune highlighted in Levitt's later work. But perhaps more influential for Levitt was the bleak series of photographs Walker Evans had taken in Havana in 1933, on assignment to illustrate Carleton Beals's *The*

Crime of Cuba.[15] Evans's work in Alabama depicted a poverty that was clearly both "American" and rural; his Havana work captured a wider variety of social classes, shown in a context that is undeniably "Latin" and urban. Evans had confirmed Beals's critical message, tellingly revealed in the book's title, by including "found" photographs of murder victims, culled from the Havana police archives, in the series of photographs published in *The Crime of Cuba.* Seen as a whole, however, his images of street activity in Havana, of painted building façades and sleeping figures, provide perhaps the closest single precedent for the series Levitt created almost a decade later.

On the Calle de la Soledad—the "Street of Solitude"—an old woman who has no legs pushes herself along on a cart with tiny wheels. This photograph recalls a famous scene in Buñuel's *Los olvidados,* in which a street gang robs a legless man not only of his money and jacket, but of his wooden cart as well (see page 34). Jean Franco has observed that the themes of tragedy and treachery in *Los olvidados* "obviously undermined the then socialist aims of the Mexican government."[16] In fact, the film was censored by the Mexican government just after its release.[17] Levitt's photographs also challenge the revolutionary assertions of the 1930s, although this was not her intent. Some-

15. Carleton Beals, *The Crime of Cuba* (Philadelphia: Lippincott, 1933). See also Judith Keller, *Walker Evans: The Getty Museum Collection* (Malibu, California: The J. Paul Getty Museum, 1995), pp. 59–102.

16. Jean Franco, *Plotting Women: Gender and Representation in Mexico* (New York: Columbia University Press, 1989), p. 153.

17. Levitt worked briefly with Buñuel in New York in the early 1940s, helping to edit propaganda films for the Latin American market. Buñuel may have been familiar with some of Levitt's own images of Mexico before himself moving to that country in 1946; the themes and tone of several of his Mexican films, particularly *Los olvidados,* resonate with those of Levitt's earlier pictures.

Walker Evans

—

Beggar, Havana, Cuba · Mendigo, La Habana, Cuba, 1933
Courtesy of Walker Evans Archive, The Metropolitan Museum of Art

Luis Buñuel

———

Movie still from *The Forgotten Ones* · Foto fijo de *Los olvidados,* 1950

thing had gone awry in the postrevolutionary decades, and her photographs record the consequences. They do so, nevertheless, with a quiet subtlety that has less to do with the conventional left-wing critique on film of political and social injustice in Latin America than with her focus on direct and rapid street photography.

In 1941, Helen Levitt set off to find the busiest streets of Mexico City, to enter the "theater with no audience." At times tender, at times harsh, the photographs that resulted from these forays portray the complexity of the city with an unbending, almost silent directness. Despite Levitt's apparent sensitivity to both human suffering and disappearing traditions, her photographs are neither didactic nor nostalgic. Decades later, these images stand as crucial documents of an urban world caught in the throes of modernity, of a people and of a nation that was leaving the village behind.

40

45

48

64

72

76

93

94

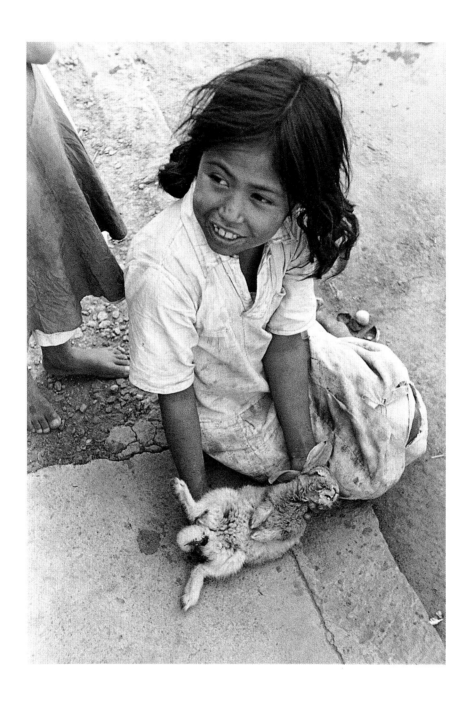

105

LA OTRA CIUDAD DE HELEN LEVITT

Desde estos finales de los años noventa, la ciudad de México parece casi inexplicable e inasible. La ciudad, cuya totalidad sólo se aprecia desde el aire, se expande más allá de sus límites oficiales, adentrándose en los estados vecinos, y formando una extensión de construcción urbana sólo interrumpida por las montañas que la rodean. Más que a observar los reportes meteorológicos, sus habitantes se dedican a seguir los niveles de la contaminación, publicados cada mañana bajo el nombre de *imecas*, término misterioso que muy pocos pueden descifrar y que difícilmente describe la cortina amarillenta que casi todos los días cuelga sobre la ciudad. La historia y el tiempo se han desplomado, y las diferentes épocas se unifican: un palacio del siglo XVIII alberga a un McDonalds, mientras unas ancianas venden montoncitos de aguacates justo a la salida del metro. Las disputas políticas y los escándalos de corrupción, altamente publicitados en las primeras páginas de una aparentemente infinita cantidad de periódicos, desaparecen tan rápido como surgen, igual que los lujosos restaurantes y los elegantes bares, que abren y cierran a un ritmo vertiginoso. Con el aumento constante de la criminalidad, ir en un taxi o pedirle información a un policía de tránsito son actos que se acercan más a jugar a la ruleta rusa que al simple hecho de desplazarse por un congestionado paisaje urbano en el que el 90 por ciento de sus habitantes no tiene la menor idea de dónde se ubican el 90 por ciento de las calles y de los barrios. A pesar de que la tasa de crecimiento de la ciudad ha comenzado por fin a disminuir, luego de la explosión de los años setenta y ochenta, sigue sin saberse el número exacto de población (¿18 millones?, ¿20 millones?); la mayoría de los habitantes, con perverso orgullo, insiste en que a pesar de la competencia de Lagos o de Shangái, la ciudad de México es la más grande del mundo. De alguna manera la superioridad numérica sirve para relajar la tensión.

Cuando Helen Levitt llegó a la ciudad de México en 1941, la capital seguía teniendo muchas de las características y tradiciones de un pueblo pequeño, aunque ya estaba al borde de un cambio rápido e irreversible. De acuerdo con el censo oficial de 1940 la población de la ciudad de México, o lo que las estadísticas llaman "la zona metropolitana", era de tan sólo 1.6 millones de habitantes. La ciudad de entonces estaba formada por el compacto centro colonial, al que rodeaban zonas residenciales del siglo XIX llamadas "colonias" y, un poco más lejos, zonas de industria ligera. Las líneas de tranvías comunicaban al Zócalo—la plaza central de la ciudad—con una serie de viejos pueblos coloniales, como San Angel y Coyoacán, Tacuba y Tacubaya, que estaban separados del centro por ranchos y canales, e incluso ocasionalmente alguna hacienda (véase página 6). A fin de "administrar" el crecimiento de la ciudad que se expandía con rapidez (su tamaño se había triplicado desde 1910), los municipios de la capital y varios pueblos cercanos se habían subsumido en una única superestructura burocrática en 1929, pero a principios de los años cuarenta los suburbios más alejados todavía eran entidades discretas. Ya desde los años veinte voces críticas como la de Salvador Novo habían emitido quejas sobre la "caótica" urbanización, si bien los tiempos de los estacionamientos subterráneos y el metro, de la apocalíptica congestión del tráfico y los insoportables niveles de ruido, estaban aún por llegar.

La turbulencia social y política de la Revolución Mexicana, y las políticas económicas de las administraciones de Manuel Ávila Camacho (1940–1946) y Miguel Alemán (1946–1952), aunadas a un auge en la industrialización y las exportaciones durante la Segunda Guerra Mundial, trajeron tanto una expansión como un cambio rápidos. En el momento en que Helen Levitt llega a México, las políticas gubernamentales estaban pasando del proteccionismo nacionalista de los años treinta hacia una creciente agenda internacionalista, con un mayor énfasis en el desarrollo industrial. Debido a que la mayoría de las fábricas se concentraban en la capital, y atraídos por la promesa de sueldos regulares y comodidades modernas, millones de personas abandonaron las áreas rurales; los límites tradicionales fueron rápidamente sobrepasados. Si bien el "México Viejo" de la leyenda y las canciones no se había perdido, se encontraba cada vez más amenazado.

Pero Helen Levitt no había planeado su viaje basada en la hipérbole de los documentales de viajes o en los esplendores artísticos de la nación; no venía en busca de tradiciones antiguas o primitivas, ni estaba escapando de las tensiones urbanas, de los anuncios en las calles o del jazz. Al contrario, la ciudad moderna era su marco de referencia tanto como lo era el objetivo de su cámara. Esto había sido cierto en Nueva York al comienzo de su carrera, y lo seguiría siendo durante su estancia en México. Al trabajar casi exclusivamente en áreas urbanas y suburbanas de la capital, confrontó los conflictos y las yuxtaposiciones que le proporcionaba la ineludible evidencia de la presencia de México en el mundo moderno. Más de medio siglo después, sus fotografías suministran claves útiles para descifrar la confusa ciudad de hoy en día.

—

La lista de fotógrafos extranjeros que trabajaron en México durante la primera mitad del siglo es amplia. Algunos, como Guillermo Kahlo y Hugo Brehme, o el grupo de reporteros gráficos españoles refugiados en México y conocido como los Hermanos Mayo, se establecieron permanentemente en el país, pero la mayoría eran visitantes. Fueron múltiples las razones que los trajeron a México: catalogar los monumentos históricos de la nación, atestiguar y registrar la violenta guerra civil de 1910 a 1920, integrarse al renacimiento artístico de las décadas posrevolucionarias, escapar de las presiones de la edad de las máquinas, o captar en película lo que creían ser un mundo más auténtico y comunitario. Casi todos estos fotógrafos pasaron por la ciudad de México, y algunos incluso se establecieron por un tiempo ahí. Pero antes de los años cincuenta la mayoría—y especialmente aquellos venidos de los Estados Unidos—esquivaban la ciudad como fuente de imágenes. Lo mismo pasaba con otros artistas que trabajaban en diferentes medios: a pesar de que tanto lo pintoresco como lo tradicional podían aún encontrarse en la capital, el México "auténtico", el México que había que rescatar y preservar estaba en otro lado, en los pequeños pueblos y las rancherías a los que la civilización todavía no había llegado.

La presencia de Edward Weston de 1923 a 1926 es un ejemplo claro. Antes de llegar a México, Weston adoptó las formas industriales modernas,[1] y en la ciudad de México ocasionalmente trabajó tomando fotografías de escenas callejeras desde la azotea de su apartamento, investigando el patio lleno de ropa en una vecindad, o catalogando los murales pintados en los exteriores de las pulquerías, las tabernas de barrio que vendían pulque, el jugo fermentado del maguey. Sin embargo, la mayoría de sus imágenes de la ciudad de México tratan menos las tensiones o dinámicas urbanas que los motivos perdurables de la vida tradicional. Para ver fotografías de la moderna ciudad de México de los años veinte hay que voltear más bien a la obra de Tina Modotti. Su serie dedicada a la construcción de un nuevo estadio de concreto a finales de los veinte, o su "Tanque de gasolina 1" (1927), que muestra un enorme tanque de acero para petróleo, son homenajes optimistas a unas formas industriales que

1. Una fotografía de Weston de las chimeneas de la planta acerera Armco en Ohio fue escogida para ilustrar la portada de la revista mexicana de vanguardia *Irradiador* en 1924, ya que proyectaba un ideal de la modernidad que entonces era promovido por un sector de la comunidad artística mexicana a disgusto con la reputación "atrasada" de la nación. Para detalles, véase Amy Conger, *Edward Weston in Mexico, 1923–1926* (Albuquerque: University of New Mexico Press, 1983), pp. 17–18.

lentamente iban transformando la capital. Sin embargo la visión de Modotti no era totalmente positiva. "La elegancia y la pobreza", su didáctico, si bien efectivo, fotomontaje de alrededor de 1927, reestructura la lucha de clases como un contraste multivalente entre un anuncio de calle y la figura doblada de un hombre, entre ficciones pintadas y una humanidad descompuesta (véase página 11). Aunque en mensaje y en construcción es mucho menos sutil, esta imagen es un antecedente importante de la sensibilidad que más de diez años después iba a tener Levitt para encontrar textos y anuncios y para sus revisiones del desaliento y el sufrimiento en esas mismas calles.

A pesar de que los fotógrafos mexicanos Manuel Álvarez Bravo y Agustín Jiménez, entre otros, habían tomado a la ciudad de México como un campo de experimentación muy importante en los años treinta, eran muy pocos los artistas visitantes que estaban interesados en los contrastes urbanos y las formas industriales de México. Aún más que Weston, fotógrafos tales como Anton Bruehl y Paul Strand huyeron de la metrópoli (véase página 13), y se fueron a pueblos en los que los signos del siglo XX, tales como cables eléctricos y anuncios comerciales, estaban prácticamente ausentes (o por lo menos fáciles de mantener fuera del cuadro). Los elegantes portafolios de los trabajos mexicanos de Bruehl y de Strand, publicados en 1933 y 1940, respectivamente, no proporcionan casi ningún rastro del mundo moderno, y confirmaron la visión que tenía el público estadounidense de México como un lugar tan puro como encerrado en un pasado idílico.[2] Fritz Henle, quien visitó México en 1936 y 1943, sólo incluyó cinco escenas del México "moderno" en su best-seller

2. Anton Bruehl, *Photographs of Mexico* (Nueva York: Delphic Studios, 1933) y Paul Strand, *Photographs of Mexico* (Nueva York: Virginia Stevens, 1940). Véase también James Oles, "México en veintitantas tomas: La obra mexicana de Paul Strand y Anton Bruehl", *Luna Córnea* 1 (invierno 1992–1993): 72–83.

de sesenta y cuatro imágenes publicado en 1945; y de éstas sólo hay una escena identificable de la capital.[3] Incluso Henri Cartier-Bresson, quien tomó fotografías en la calle Cuauhtemoctzin y sus alrededores (la zona roja de la ciudad de México) durante su primera visita al país en 1934, también trabajó ampliamente en Juchitán, en el Istmo de Tehuantepec, una región tropical que evocaba tanto lo exótico como lo primitivo.

Helen Levitt fue la única fotógrafa importante que se concentró en la ciudad de México entre los que visitaron a la ciudad en la primera mitad del siglo. Levitt decidió ignorar los elegantes edificios de oficinas y departamentos art deco, las calles y glorietas recién pavimentadas, es decir el tipo de desarrollo promovido por el gobierno en los folletos turísticos como evidencia del crecimiento y la prosperidad. En sus fotografías la modernización aparece como un proceso desordenado, que dejaba a su paso extrañas juxtaposiciones visuales e incluso todavía más extrañas repercusiones sociales. Su método de fotografía callejera, así como sus temas, contradecían la retórica del progreso, y no sería aceptado en México sino hasta finales de los años cuarenta y principios de los cincuenta, con el surgimiento de fotógrafos tales como Nacho López y Lola Álvarez Bravo. No es coincidencia que la industria cinematográfica mexicana comenzara en esa misma época a representar el difícil proceso de urbanización, especialmente en películas tales como *Nosotros los pobres* (1947), *Salón México* (1948), y con mayor fama en la magistral representación que Luis Buñuel logró de los pobres de México en *Los olvidados* de 1950. En 1941, antes de que México se uniera a los aliados en la Segunda Guerra Mundial, y justo después de que el último de los "verdaderos" revolucionarios (Lázaro Cárdenas) dejara el poder, la ciudad seguía indecisa entre un pasado tradicional y un caótico futuro. Pocos años después las ciudades perdidas,

3. Fritz Henle, *Mexico* (Chicago: Ziff-Davis, 1945).

118

las pandillas y las cantinas sórdidas de la ciudad se convertirían en los significantes dominantes del corazón urbano de la nación—significantes que hoy en día siguen teniendo fuerza.

En la primavera de 1935, Levitt vio una exposición de fotografías de Henri Cartier-Bresson, Walker Evans y Manuel Álvarez Bravo en la Galería Julien Levy de Nueva York.[4] La muestra incluía imágenes de México hechas por Cartier-Bresson y Álvarez Bravo, y quizás influyó de una manera sutil en su trabajo posterior en ese país. Más importante aún, Levitt siguió el ejemplo de Cartier-Bresson (a quien conoció poco después de ver la exposición), y adoptó la diminuta cámara Leica, cosa que le permitió retratar de manera instantánea y con un mínimo equipo a la gente en la calle.[5] Estando todavía en Nueva York, Levitt comenzó a trabajar también con un lente en ángulo recto, a través del cual podía fotografiar viendo hacia otro lado. Evans y Ben Shahn habían utilizado este dispositivo en sus fotografías callejeras, y seguramente Levitt se inspiró en su ejemplo. Levitt no lo sabía en ese tiempo, pero Strand había utilizado un método similar durante su visita a México a principios de los años treinta; sin embargo su enorme Speed Graflex dejaba pocas dudas acerca de su ocupación e intenciones. Para Levitt, este lente era, más que una manera de sorprender a su presa, un intento por no perturbar una realidad en curso, por mantenerse al margen. Intrigada por el drama viviente del mundo frente a ella, no estaba dispuesta a saltar desde el público y anunciar su llegada.

4. *Documentary and Anti-Graphic: Photographs by Cartier-Bresson, Walker Evans & Alvarez Bravo* estuvo expuesta del 23 de abril al 7 de mayo. La muestra estaba basada en una que Cartier-Bresson y Álvarez Bravo habían montado en el Palacio de Bellas Artes de la ciudad de México a principios de ese mismo año.

5. A pesar de que Cartier-Bresson había usado una Leica en México en 1934, los Hermanos Mayo son considerados como los introductores de este tipo de cámara en el periodismo gráfico en México.

Antes de su viaje a México, Levitt llevaba trabajando en forma seria como fotógrafa solamente cinco años; y el resultado de ese viaje fue la única obra importante que creó fuera de Nueva York. Dejó esa ciudad en la primavera de 1941, con Alma Agee y Joel, el pequeño hijo de Alma.[6] Alma estaba huyendo de su matrimonio con el escritor James Agee y México era el destino adecuado: extranjero y barato, recomendado por amigos que habían estado allí recientemente, publicitado por Hollywood y por montones de libros, ensayos y exposiciones. Lo más significativo era quizás que estaba aislado de una guerra que desgarraba a Europa por segunda vez en el siglo. James Agee apoyó la aventura, no sólo comprando los billetes para ellas en un vapor que pasaba por la Habana antes de llegar a Veracruz, sino también enviándoles ocasionalmente dinero a ambas mujeres durante ese verano.

Mientras el barco estaba atracado en La Habana, alquilaron un taxi para dar una vuelta de media hora por la ciudad, que Levitt recordaba traqueteada. Batista acababa de ser electo presidente, y La Habana estaba viviendo sus días de esplendor como sitio de placer de los Estados Unidos. Al llegar a Veracruz Levitt encontró el puerto deprimente. Quizás era simplemente que tome cierto tiempo acostumbrarse a la realidad de México. Al viajar rumbo a la ciudad de México por las montañas de Veracruz (en el Chevrolet de Alma Agee, que había viajado con ellas en el barco), Levitt lo encontraría todo familiar, como si ya lo hubiera visto en películas. Ya para los años cuarenta el escenario tradicional del México rural—los campos de magueyes, los volcanes, las iglesias y los muros de adobe, los campesinos—había sido tan excesivamente representado, tanto por los mexicanos como por los visitantes que trabajaban en todos

6. Mucha de la información que sigue está basada en una larga serie de entrevistas entre el autor y Helen Levitt, realizadas durante 1994 y 1995. Los recuerdos del viaje de Alma Agee aparecen en Alma Neuman, *Always Straight Ahead: A Memoir* (Baton Rouge: Louisiana State University Press, 1993).

los medios durante los últimos veinte años, que aparentemente no quedaba nada nuevo por decir.[7] De hecho, cuando los elementos básicos de estos tópicos aparecen en sus fotografías mexicanas, han sido transformados a tal grado que resultan casi irreconocibles.

Levitt y Alma Agee tenían un solo contacto en la ciudad de México, gracias a la poeta Muriel Rukeyser: Rudolf Neumann, un refugiado alemán y pediatra (cuyos servicios fueron especialmente requeridos, ya que Joel había estado enfermo desde la salida de Nueva York). Las dos mujeres se hospedaron por corto tiempo en un hotel y después se fueron al Rancho Blanco, una hacienda cerca de San Bartolo Naucalpan, más allá de Tacuba y sobre la carretera a Querétaro. Su estancia coincidió con una visita en abril de catorce estrellas y directores de Hollywood, que estaban en México aparentemente para apoyar la "Semana Cinematográfica" del país, aunque en realidad eran embajadores comerciales de una industria que buscaba elevar sus ganancias en Latinoamérica durante la guerra.[8] Levitt sólo recuerda haber visto a Mickey Rooney, pero también estaban, entre otros, Frank Capra, Norma Shearer, Lucille Ball y Desi Arnaz. El Rancho Blanco acababa de ser renovado para hospedar a estos visitantes, que viajaban a México debido a las dificultades para viajar a Europa. La principal atracción eran las corridas de toros los fines de semana, y menos frecuentemente, las charreadas y las celebraciones folklóricas.

Levitt se acuerda de todos estos sucesos, de los cuales tomó algunas imágenes, aunque la mayoría eran instantáneas de la multitud y de los danzantes.

7. Para una revisión de las representaciones visuales, véase James Oles, *South of the Border: México en la imaginación norteamericana, 1914–1947* (Washington, D.C.: Smithsonian Institution Press, 1993); sobre fotógrafos en general, véase Carole Naggar y Fred Ritchin, *Mexico through Foreign Eyes* (Nueva York: W. W. Norton, 1993).

8. Véase "Turistas de Hollywood", *Hoy* 217 (19 de abril de 1941): 8–9; Amadeo Antón Vásquez, "Mundo sin palabras", *Así* (19 de abril de 1941): 20–21.

Sin embargo algunas fotografías de Rancho Blanco destacan. En una de ellas, dos hombres luchan con un toro en un patio con pasto; sus cuerpos inclinados hacen eco a la fila de columnas que se encuentran al fondo. La cuerda que sostiene y que guía al animal hacia el anticipado espectáculo cruza la imagen de manera diagonal, ni totalmente tensa, ni totalmente laxa. Conmovedora y elegante, la fotografía capta también una rapidez de movimiento y una energía que Levitt raramente encontraría en las calles. En una imagen de la corrida de toros, el torero es meramente un desafortunado invitado de chaleco y corbata, y el caótico ensamblaje que Levitt hace de los elementos subvierte directamente la pomposa y elegante teatralidad de la corrida.

Poco después de su llegada a la ciudad de México Alma Agee comenzó una relación con el escritor alemán de izquierda Bodo Uhse, que se encontraba en México a causa de la guerra, y con el cual más tarde se casaría. Esta situación le permitió a Levitt disponer de tiempo para dedicarse a su trabajo, y muy pronto regresó a la ciudad (Rancho Blanco, a pesar de su encanto, era demasiado remoto), y se estableció en el antiguo departamento de Uhse, en Sinaloa 42, en la Colonia Roma, no lejos de la Plaza México, una plaza de toros que ha sido reemplazada por una tienda de departamentos. A diferencia de Weston, Strand o Cartier-Bresson, Levitt no estableció contacto con los círculos artísticos de la ciudad de México. A cambio de eso, durante el verano de 1941, se encontró sola, explorando su nuevo hogar, así fuera temporal. Pasó casi completamente inadvertida, no sólo por los sujetos de sus fotografías, sino también por cualquier posible crítico o admirador, y reunió lentamente una obra perspicaz y dramática: incluso sus negativos no fueron impresos sino hasta su regreso a los Estados Unidos.[9]

9. A principios de los años cuarenta, las fotografías de la ciudad de México de Levitt fueron incluidas en varias exposiciones en el Museum of Modern Art, entre otras: "Mexico: 8 Photographers", en diciembre de 1943. Esta exposición poco conocida, incluía obras de Manuel

Las fotografías de Levitt sobre la ciudad de México no tienen título; se les identifica por una vaga referencia a los lugares donde fueron hechas. No utilizó las cargadas frases poéticas usadas por Manuel Álvarez Bravo, o los "eslogans" usados por Modotti, proveyendo así de casi ninguna pista para lecturas posteriores. Y a pesar de que su visión de la capital mexicana es mucho más extensa en términos geográficos que la de sus contemporáneos, en todas sus fotografías de la ciudad de México sólo existe un sitio claramente identificable: el patio del siglo XVII del Convento de la Merced, en el corazón de la capital colonial. En su mayoría, las construcciones y las calles de sus fotografías apenas se refieren a la "diferencia" de México. Más que los escenarios, son los actores la atracción principal, y se les han permitido hablar por sí mismos.

Ocasionalmente, Levitt encontró en la ciudad de México esa inocencia y movimiento sobre los cuales James Agee había escrito elocuentemente en un texto sobre sus fotografías de Nueva York: una pareja hace un extraño baile en medio de la calle; dos niños retozan a través de un lote baldío; un hombre toca un banjo de juguete; otro hombre dirige a una tropa de perros danzantes vestidos como bailarinas diminutas con los peatones como público. No obstante, con la misma frecuencia los sujetos de sus fotografías se tambalean y vacilan, cojean y hacen muecas. Lo que Levitt descubrió fue una tragedia y una violencia que no había visto en su país. Pero si su trabajo de la ciudad de México es distinto en tono y en antecedente a sus fotografías de Nueva York, no es completamente distinto en su concepción. En la ciudad de Nueva York Levitt había deambulado por los barrios de East Harlem y el Lower East Side,

Álvarez Bravo, Anton Bruehl, Fritz Henle, Antonio Reynoso, Bradley Smith, Paul Strand y Edward Weston. Muchas fueron reproducidas en la prensa especializada estadounidense a principios de los cuarenta, pero ninguna de ellas se publicó o se expuso en México durante esos años, como había ocurrido con las fotografías de Weston, Strand y Cartier-Bresson.

en donde mucho del drama de la vida se representaba en público, en los pórticos y a lo largo de las ajetreadas aceras, enmarcado por los aparadores de las tiendas—en donde la calle era al mismo tiempo un patio de juegos y la sala de una casa. Al encontrarse en México casi por accidente, y por supuesto sin saber lo que le esperaba, Levitt se dedicó a buscar barrios parecidos a los que había explorado en Nueva York, especialmente aquellos habitados por obreros, lugares que estaban llenos de actividad y plenos de posibilidades. Por esas fechas, un periodista mexicano describió estos sectores de la ciudad como un espacio que proporcionaba un "teatro sin público, dado que ni siquiera los turistas—que huelen lo extraño—se aventuran ahí. Debido a esto, todo ha seguido siendo más puro y espontáneo, . . . superior a cualquier fantasía, literaria o pictórica".[10]

A pesar de que Levitt se sumergió en el ambiente urbano de la capital, de alguna manera siguió siendo periférica a la ciudad. Casi sin que se notara, pasó la mayoría de su tiempo en el populoso barrio del mercado del centro colonial y, más aún, en los suburbios al oeste de Tacuba y Tacubaya. Allí, Levitt vagaba por horas por debajo de los anuncios de Orange Crush y los focos Luxo, a través de lotes baldíos, al lado de las vías del tranvía y del tren, más allá de las banquetas y las calles todavía en obra. Estas eran áreas que los otros fotógrafos habían eludido (o ignorado), relativamente alejadas de los caminos trillados —y especialmente distantes de los sitios turísticos típicos. A pesar de que casi no sabía español, las fotografías de Levitt de la ciudad de México están llenas de referentes textuales que marcan la extrañeza del escenario y que pueden revelar su continua búsqueda de humor e ironía: un autobús llamado "El Emperador", estacionado en una gasolinera que es todo menos que imperial; un diminuto anuncio de viaje atado a una bicicleta que dice: "soy biudo busco

10. Eduardo de Ontañón, "Escenografía ", *Hoy* 214 (29 de marzo de 1941): 72.

novia"; un limosnero casi cortado por el marco, yuxtapuesto al lateral de un camión con destino a "Chula Vista". De hecho, esta última imagen se vuelve una sutil reformulación de "La elegancia y la pobreza" de Modotti.

Quizás debido a que la manera en que Levitt le gustaba hacer fotografía callejera tenía necesidad de un movimiento constante, no sólo de sus sujetos sino de ella misma como la buscadora de esos sujetos, Levitt estaba especialmente en sintonía con los efectos cinematográficos, a veces tomando series de fotografías en las que las acciones de los niños se revelan como escenas. En una secuencia, dos niñas descalzas juegan a algo desconocido, enmarcadas por las fachadas de las menesterosas casas de Tacubaya. La expresión de una de estas niñas, que está captada en la postura de un malabarista, es una de las pocas instancias de alegría sin contención que Levitt encontró en México. En la primera de un par de imágenes tomadas en el mismo barrio, una niña y un niño se alejan del fotógrafo, acompañados de un perro. En la segunda, la niña regresa de donde se fue, ahora sin su compañero—pero el perro sigue ahí, su silueta contra una coladera abierta. Del brazo de cada uno de los niños cuelga una canasta de mercado, lo cual señala que a pesar de sus danzarinas posturas, más que en juegos despreocupados están involucrados en serias tareas (¿llevan algo a la casa?, ¿están vendiendo?). Un crítico estadounidense describió en esa época a estos niños como "regresando a su pueblo", ubicándolos dentro del contexto rural que los otros fotógrafos visitantes habían destacado en sus obras.[11] Sin embargo Tacubaya, con todo lo poco desarrollada que estuviera, era oficialmente parte de un paisaje urbano en expansión. De hecho, mucho del trabajo de Levitt sobre la ciudad de México capta esta relación ambigua entre los modos de vida rural y urbana, entre el pueblo y la ciudad, difíciles de separar en una época de rápidos cambios.

11. Joseph Solman, "Helen Levitt", *Photo Notes* (primavera de 1950): 15.

125

El contorno rural de la zona metropolitana también aparece en una serie de imágenes tomadas en las afueras de Tacuba, en donde Levitt descubrió magueyes—un tipo de agave muy común en las tierras altas del centro de México—cubiertos de ropa tendida a secar. Manuel Álvarez Bravo había ya retratado las puntas de maguey utilizadas como tendederos improvisados; en "Las lavanderas sobreentendidas", tomada en el estado de Tlaxcala en 1932, unas sábanas completamente blancas cubren los magueyes como formas fantasmales (véase página 21). Las imágenes del mismo tema tomadas por Levitt contrastan con la pureza formalista tanto de la fotografía de Álvarez Bravo como de la famosa silueta de un maguey fotografiada por Edward Weston en 1926. En una primera toma, unos overoles de hombre vueltos al revés parecen atravesados por las formas quebradas de la planta parecidas a espadas. En otras, la ropa cae caóticamente, trágicamente, ocultando prácticamente cualquier vestigio de formas naturales "puras". Como en otras ocasiones, Levitt viraba abruptamente de lo pintoresco.

Levitt también investigó una parte de Tacubaya conocida como la Colonia Dolores, en donde en una red de minas de arena vivían docenas de familias pobres. El documental *Tierra sin pan* de Luis Buñuel, hecho en 1932, había tratado con un realismo terrorífico una región similar de España conocida como Las Hurdes. El paralelismo no le pasó desapercibido a un escritor mexicano enviado a cubrir la versión local en 1941 para el semanario popular *Así:* denunciaba estos asentamientos "a diez minutos de la capital pero a veinte mil años de la civilización … hombres, mujeres, niños, en el terror de la barbarie." Las fotografías que acompañan este artículo—y que no llevan crédito—retratan a los habitantes como viviendo en la miseria, rodeados por muebles rotos y harapos, con pies de foto que hacen eco al tono amarillista del ensayo.[12] En la

12. Jaime Sandoval Gómez, "Viven en cavernas", *Así* 27 (17 de mayo de 1941): 29–32.

mayoría de los casos, Levitt mantuvo una respetuosa distancia tanto dentro como alrededor de estas minas habitadas, al eliminar todos los detalles etnográficos. Varias imágenes muestran las cuevas como parte de un paisaje más amplio, y ponen atención en las formas abstractas de los acantilados. Otra fotografía muestra a una niña rodeada de muchísima arena y grava erosionada, en el límite entre la oscuridad y la luz.

En el parque de Chapultepec, a poca distancia de su departamento en la Colonia Roma, y no lejos de las minas de arena de la Colonia Dolores, Levitt encontró cuadros vivos de entretenimiento, de familia. El enorme parque funcionaba—y todavía lo hace—como los pulmones de la ciudad, un destino para los ciudadanos de todas las clases sociales. En una imagen de un día de campo, los participantes parecen flotar en un mar de hiedra, con un friso de figuras de pie a la distancia. En otra, un padre, su pie tan firmemente plantado en la tierra como el árbol adyacente, pone su mano sobre el hombro de uno de sus hijos, al tiempo que otro se aleja momentáneamente. La superioridad paterna del adulto, sugerida por su posición formal en la foto, está reforzada aún más por la actitud de los niños; su pelo cuidadosamente peinado y envaselinado y sus idénticos trajes de marinerito indican tanto su conformidad como la dominación del padre. A pesar de que Levitt se rehusó a tomar la postura partidista de muchos fotógrafos documentalistas (Shahn, por ejemplo), es difícil no leer esta imagen como una crítica del orgulloso control de la burguesía sobre sus miembros más jóvenes. Y es igualmente difícil no percatarse del brillante coche de último modelo que está detrás de ellos como un símbolo del nuevo México. A pesar de todo, las palmeras de los trópicos están consignadas en un fondo distante.

En la zona central de la ciudad de México, Levitt trabajó principalmente en las populosas calles que rodean al convento y al mercado de La Merced, un área que más de medio siglo después sigue estando rebosante de peatones y de actividad callejera. Una de las pocas fotos conocidas del viaje de Levitt de 1941 muestra a dos niños luchando en el patio del convento. La gestualidad barroca de sus cuerpos enganchados recuerda parcialmente al intrincado decorado de la arcada del siglo XVII que los rodea. Unas cortinas y una cerca de madera sin pintar—evidencia de los nuevos habitantes—han reemplazado a las pinturas religiosas visibles en la fotografía igualmente oblicua del mismo patio tomada por Désiré Charnay hacia 1859 (véase página 24). Pero la imagen de Levitt alude en menor medida a las connotaciones históricas o los detalles arquitectónicos que a los niños perdidos en su juego, dejados libres en un espacio que antes era reservado a las ceremonias sagradas.[13] Aunque la construcción parezca ser secundaria con respecto a la acción, es posible que ésta sea una de sus fotografías mexicanas más reproducidas no sólo porque la actitud juguetona de los dos niños tiene un espíritu similar al de sus imágenes de Nueva York en los treinta y los cuarenta, sino porque la imagen es claramente identificada como mexicana. ¿En qué parte de los Estados Unidos se puede encontrar un patio de tal exuberancia y antigüedad? A pesar de que Levitt capturó a los dos niños desde cierta distancia, como un observador silencioso de sus juegos, también les tomó varios retratos en primer plano ese mismo día. La ausencia de esa complejidad poética que tienen otros fotógrafos más famosos, revela sin embargo que Levitt no se abstenía totalmente de entrar en contacto con sus sujetos. Los contactos registran esos rostros hermosos que ella encontró un día: memorias de una ciudad a la que nunca regresó.

En la mayoría de sus fotografías tomadas dentro y alrededor de La Merced, más que los niños los protagonistas son los adultos. No es de sorprender entonces que muchas de estas fotografías retraten anuncios comerciales de la calle, en pequeñas tiendas o en puestos del mercado, aunque Levitt pasó por

13. Bajo la Ley Lerdo de 1856, se nacionalizaron todas las propiedades de la Iglesia, y la mayoría de los conventos y monasterios (y muchas iglesias) pasaron a ser de uso secular. En 1941, el patio de La Merced era una vecindad.

alto los pintorescos montones de fruta tropical y el despliegue de arte popular que habían intrigado a muchos otros artistas visitantes. Unas mujeres ubicadas en el estudio de un fotógrafo rodeadas de retratos; un ciego recargado contra la entrada de una tienda de telas; una mujer que navega por el mercado, tan intensa y efímera como los dos pájaros blancos que lleva atrapados en sus manos. Una de las fotografías más conmovedoras de Levitt retrata a una mujer que vende utensilios de peltre en un puesto todo amontonado, enmarcada por los relucientes baldes y cubetas, las regaderas y los braseros detrás de ella. Levitt captó a la mujer en un momento íntimo: mirándose en un espejito de mano y revisándose los dientes—vanidad entre ollas y latas. Un hombre pasea por el mercado con un conjunto de sombreros de fieltro apilados sobre su cabeza, una versión actualizada de las imágenes de género del siglo XIX que mostraban a vendedores callejeros, conocidos en México como tipos, que para principios del siglo XX habían degenerado en tarjetas postales coloreadas a mano (véase página 26). La popularidad del tipo—especialmente para los observadores extranjeros—estaba siempre apoyada en su carácter obvio, como prueba de que los mexicanos seguían comprando y vendiendo en las calles, más que en las "modernas" tiendas de menudeo. Sin embargo Levitt, con un agudo sentido del humor, confronta el estereotipo con las modas contemporáneas—y con la realidad.

En otras fotografías, unos hombres beben y se tambalean frente a las puertas de vaivén de una cantina y a los descoloridos murales de las pulquerías. "Las calles de México son galerías pintadas", escribió Anita Brenner en 1929. "El pulque fluía hacia los pintorescos y compactos barrios pobres llevando todavía un sedimento religioso. De ahí los papeles picados, el aire ritual, y de ahí los murales, bastardos abandonados de violadas decoraciones de templos." [14]

14. Anita Brenner, "Street Murals in Mexico", *The Arts* 16:3 (noviembre de 1929): 163–64. El artículo está ilustrado con tres fotografías de Edward Weston. Para imágenes parecidas de

Estos murales, ampliamente fotografiados por Weston en los años veinte (véase página 29), parecían el equivalente popular de los frescos de Diego Rivera, José Clemente Orozco y otros, que estaban llenando los corredores y las escaleras de los edificios gubernamentales de la ciudad de México. A principios de los años cuarenta el pulque seguía siendo fácil de encontrar en la capital, a pesar de las campañas del departamento de salud local (y de la creciente industria cervecera) que categorizaba a las pulquerías como fuente de enfermedad y vicio. Los murales de las paredes de las pulquerías habrían de desaparecer del paisaje urbano.

Weston (y un poco más tarde Manuel Álvarez Bravo), enfocaba casi siempre los murales solos, encuadrándolos como si fueran pinturas de caballete (la presencia de cualquier sujeto humano en sus retratos parece casi accidental). Levitt los veía más como telón de fondo de la actividad callejera, como los telones pintados que los fotógrafos itinerantes desenrollaban en las ferias populares y en los sitios de peregrinación. En una fotografía, una ingenua pintura de un campesino montando un burro y cruzando un campo de magueyes está subordinada a los tres hombres reales que están sentados abajo. Dos de ellos llevan unos overoles típicos de obreros urbanos, aunque sus sombreros de paja forman un paralelo visual con su compatriota pintado. A la derecha, encuadrado más por un abierto panorama urbano que por el mural mismo, un tercero, de abrigo y corbata, parece mucho más fuera de lugar que los obreros. Esta yuxtaposición entre una interpretación de un tópico de un México "curioso" y las vestimentas y diferencias de clase de las tres figuras es lo que anima la imagen—y nuestra visión de la ciudad en la que Levitt trabajaba. Del mismo modo en otras fotografías aparecen como fondo los murales gastados por

_____

Manuel Álvarez Bravo, véase Emily Edwards, *Painted Walls of Mexico* (Austin: University of Texas Press, 1966), pp. 146–154.

el tiempo, siempre como parte de un montaje, nunca como tema principal.

Una y otra vez, Levitt encuadra a la gente de la ciudad de México (y muchas veces también a sus perros) en las entradas de las casas, o la fotografía contra los muros de adobe o ladrillo. La puerta de entrada es el paso del espacio público al privado, un sitio para esperar y mirar, muchas veces un lugar protector, un literal marco de la existencia humana. Este es, por supuesto, un tema principal de su trabajo en Nueva York, que aparece tanto antes como después de su viaje a México.

Sin embargo en la ciudad de México los muros erosionados y la pintura despegandose acentúan la solemnidad de la acción—o de la inacción—de sus sujetos. La sobria geometría de las fachadas nunca interfiere ni se complementa con los actores. Por ejemplo, las escaleras y los barandales forjados, que son un tema principal de sus retratos de Nueva York, que proporcionan una distancia entre el pasillo y la puerta y que forman un obstáculo entre lo privado y lo público, están completamente ausentes. En los barrios obreros de la ciudad de México en los que Levitt trabajó, la distancia casi no existe, y sin embargo ella nunca se aleja de sus sujetos, muchas veces aproximándoseles a corta distancia. Estén o no conscientes de su presencia, hay un sentido de intimidad y vulnerabilidad en muchas de estas imágenes que se parece a su trabajo de Nueva York. Esto es especialmente claro en varias fotografías: un niño harapiento que trae un guante de beisbol, su cuerpo extendido contra la pared; una mujer saludando desde una puerta; una pareja cogida de las manos que platican sin verse uno a la otra.

Y también está lo trágico. En las imágenes de Levitt las calles de México muchas veces están pobladas de tullidos y oprimidos, de actuaciones como de circo casi demasiado crudas como para ser observadas. En una de sus fotografías especialmente difíciles, un hombre con unas tortillas en una mano ve fijamente a la fotógrafa, contorsionando su cara en una máscara espantosa.

En este caso, Levitt recuerda que el hombre estaba borracho, actuando para ella y gritando en español algo así como "tome una foto de un mexicano hambriento": una sorprendente demostración de autoconciencia, y una posible crítica de la cámara intrusa. Más frecuentemente, Levitt retrataba la real angustia económica y social—mucha de ella debida a la urbanización desenfrenada y las dislocaciones ocasionadas por ella—algo que no había hecho en Nueva York, por lo menos no directamente. Y aunque no era ajena al sufrimiento, Levitt no estaba involucrada en la reforma social o la revelación. Entonces como ahora, el visitante esperaba encontrarse con la pobreza en México, y las imágenes aisladas de Levitt tienen un efecto más sutil que los amplios ensayos fotográficos de los fotógrafos de la Farm Security Administration, enviados para catalogar la Gran Depresión. ¿Este hombre dormido en los adoquines amontonados y las alcantarillas es un indigente o un borracho, o es simplemente un trabajador reponiendo el sueño? Sin un pie de página más amplio, ¿que podemos interpretar de una niña que carga a un conejo muerto, especialmenete si tomamos en cuenta su sonrisa?

En 1934, Cartier-Bresson había retratado en algunas ocasiones a los pobres de la ciudad de México de una manera relativamente directa, con pocas de las connotaciones surrealistas de sus fotografías más famosas de ese año. Una imagen de un hombre tirado en una banqueta, quizás sufriendo las consecuencias de una noche de borrachera (véase página 30), de alguna manera retrata algunas de las crudas desgracias que el trabajo posterior de Levitt puso en relieve. Pero quizás tuvo mayor influencia para Levitt la deprimente serie de fotografías que Walker Evans había tomado en La Habana en 1933, a donde fue enviado para ilustrar *The Crime of Cuba* de Carleton Beals (véase página 33).[15]

15. Carleton Beals, *The Crime of Cuba* (Filadelfia: Lippincott, 1933). Véase también Judith Keller, *Walker Evans: The Getty Museum Collection* (Malibu, California: The J. Paul Getty Museum, 1955), pp. 59–102.

El trabajo de Evans en Alabama retrataba una pobreza que era a la vez claramente "estadounidense" y rural; su obra de La Habana capturó una mayor variedad de clases sociales, situadas en un contexto que era indudablemente "latino" y urbano. Evans había confirmado el mensaje crítico de Beals, reveladoramente expresado en el título del libro, al incluir en una serie de fotografías publicadas en *The Crime of Cuba*, fotografías "encontradas" de víctimas de asesinatos, seleccionadas en los archivos de la policía de La Habana. Sin embargo, vistas como un todo, sus imágenes de la actividad callejera de La Habana, de las fachadas pintadas de los edificios y de las figuras dormidas, proporcionan quizás el más cercano precedente de las series que Levitt creó casi una década más tarde.

En la Calle de la Soledad una mujer que no tiene piernas se impulsa a sí misma en un carrito de muy pequeñas ruedas. Esta fotografía recuerda una famosa escena de *Los olvidados* de Buñuel, en la que una pandilla callejera le roba a un hombre sin piernas no sólo su dinero y su saco, sino también su carrito de madera (véase página 34). Jean Franco ha hecho la observación de que los temas de la tragedia y la traición en *Los olvidados* "obviamente socavan las metas socialistas del gobierno mexicano de entonces".[16] De hecho, la película fue censurada por el gobierno mexicano justo después de su estreno.[17] A pesar de que su intención no era esa, las fotografías de Levitt también confrontan las afirmaciones revolucionarias de los años treinta. Algo se había torcido en las

16. Jean Franco, *Plotting Women: Gender and Representation in Mexico* (Nueva York: Columbia University Press, 1989), p. 153.

17. Levitt trabajó brevemente con Buñuel en Nueva York a principios de los años cuarenta, ayudando a editar películas de propaganda para el mercado latinoamericano. Es posible que Buñuel haya conocido algunas de las imágenes de Levitt de México antes de que se instalara en ese país en 1946; los temas y el tono de varias de sus películas mexicanas, especialmente *Los olvidados*, hacen resonancia a varias de las fotografías anteriores de Levitt.

décadas posteriores a la Revolución, y sus fotografías registran sus consecuencias. Y sin embargo lo hacen con una callada sutileza que tiene menos que ver con la crítica convencional de izquierda en las películas sobre la injusticia social y la política en Latinoamérica, que con su interés por la fotografía callejera rápida y directa.

En 1941, Helen Levitt salió a encontrarse con las calles más populares de la ciudad de México, y a entrar en ese "teatro sin espectadores". A veces tiernas, a veces duras, las fotografías que resultaron de esas incursiones retratan la complejidad de la ciudad con una franqueza indomable y casi silenciosa. A pesar de la obvia sensibilidad de Levitt tanto frente al sufrimiento humano como frente a las tradiciones que desaparecen, sus fotografías no son ni didácticas ni nostálgicas. Décadas más tarde, estas imágenes se mantienen como un documento crucial de un mundo urbano cogido en medio de la modernidad, de una gente y una nación que estaba dejando atrás la aldea.

Traducio por Pedro Serrano

SELECTED EXHIBITIONS

1941 *American Photographs at $10*, Museum of Modern Art, New York.

1943 *Helen Levitt: Photographs of Children*, Museum of Modern Art, New York.
Mexico: 8 Photographers, Museum of Modern Art, New York.

1944 *Art in Progress*, Museum of Modern Art, New York.

1948 *Fifty Photographs by Fifty Photographers*, Museum of Modern Art, New York.
In and Out of Focus, Museum of Modern Art, New York.
Creative Photography, Museum of Modern Art, New York.

1949 *Six Women Photographers*, Museum of Modern Art, New York.

1950 *Photography at Mid-Century*, Los Angeles County Museum.

1955 *The Family of Man*, Museum of Modern Art, New York. Exhibition traveled.
Catalog.

1965 *Photography in America, 1850–1965*, Yale University Art Gallery, New Haven,
Connecticut.

1966 *Guggenheim Foundation Fellows in Photography*, Philadelphia College of Art,
Pennsylvania. Catalog.

1968 *Harlem on My Mind*, Metropolitan Museum of Art, New York. Catalog.

1971 *Photographs of Women*, Museum of Modern Art, New York.

1974 *Projects: Helen Levitt*, Museum of Modern Art, New York.

1975 *Helen Levitt: Photographs*, Photography Gallery, Pratt Institute,
Brooklyn, New York. Traveled to Nexus Gallery, Atlanta, Georgia.

1976 *One Hundred Master Photographs.* Traveling exhibition organized by
the Museum of Modern Art, New York.

1977 *Photographs by Helen Levitt*, Carlton Gallery, New York.

1978 *New Standpoints: Photography, 1940–1955*, Museum of Modern Art, New York.
Mirrors and Windows: American Photography since 1960, Museum of Modern
Art, New York. Exhibition traveled. Catalog.

1980 *Helen Levitt*, Corcoran Gallery of Art, Washington, D.C. Catalog.
Helen Levitt: Color Photographs, Grossmont College, El Cajon, California.
Catalog.

1981   *American Children*, Museum of Modern Art, New York. Exhibition
        traveled. Catalog.
        Matrix 66: Helen Levitt, Wadsworth Atheneum, Hartford, Connecticut,
        and University Art Museum, Berkeley, California.

1982   *Color as Form*, International Museum of Photography at George Eastman
        House, Rochester, New York. Catalog.

1983   *Street Portrait: The Photographs of Helen Levitt*, Museum of Fine Arts, Boston.

1985   *The New York School* (Parts 1 and 2), Corcoran Gallery of Art, Washington, D.C.

1986   *Photography: A Facet of Modernism*, San Francisco Museum of Art. Catalog.
        The New York School (Part 3), Corcoran Gallery of Art, Washington, D.C.

1987   *American Dreams*, Ministerio de Cultura, Dirección General de Bellas Artes y
        Archivos, Centro Nacional de Exposiciones, Madrid, Spain.
        Helen Levitt: Children, Street Drawings, New York, 1938–1948, International
        Center of Photography, New York. Catalog.

1989   *On the Art of Fixing a Shadow: One Hundred and Fifty Years of Photography*,
        National Gallery of Art, Washington, D.C., and the Art Institute of Chicago.
        Exhibition traveled. Catalog.
        Photography until Now, Museum of Modern Art, New York. Exhibition
        traveled. Catalog.

1991   *Art of the Forties*, Museum of Modern Art, New York. Catalog.
        Mean Streets, Museum of Modern Art, New York.

1992   *Helen Levitt*, San Francisco Museum of Modern Art. Exhibition traveled.
        Catalog.

1993   *Mexico through Foreign Eyes*, International Center of Photography, New York.
        Exhibition traveled. Catalog.
        South of the Border: Mexico in the American Imagination, 1914–1947, Yale
        University Art Gallery, New Haven, Connecticut. Exhibition traveled.

1994   *American Surrealist Photography*, Museum of Modern Art, New York.
        Helen Levitt: Fotografías, Diputación Provincial, Granada, Spain. Catalog.

1995   *American Photography, 1890–1965, from The Museum of Modern Art*. Exhibition
        traveled. Catalog.

1997   *Helen Levitt: Mexico City*, Center for Creative Photography, Tucson, Arizona.
        Exhibition traveled.

SELECTED BIBLIOGRAPHY

Beals, Carleton. *The Crime of Cuba*. Philadelphia: Lippincott, 1933.

Bennett, Edna R. "Helen Levitt's Photographs: Children of New York and Mexico," *U. S. Camera* 6, 44 (May 1943): 14–17.

Caillois, Roger. "The Myth of Secret Treasures in Childhood," trans. Lawrence Krader. *VVV* 1 (June 1942): 4–8.

"City Children." *New York Post,* April 20, 1943: 24.

Debroise, Olivier. *Fuga mexicana: Un recorrido por la fotografía en México*. Mexico City: Consejo Nacional para la Cultura y las Artes, 1994.

Evans, Walker. "Photography," *Quality: Its Image in the Arts*. Edited by Louis Kronenberger. New York: Atheneum, 1969.

Goldberg, Vicki. "Dance Notations," *DoubleTake* 2, 1 (Winter 1996): 96–114.

Hambourg, Maria Morris, and Christopher Phillips. *The New Vision: Photography between the World Wars*. New York: Metropolitan Museum of Art, 1989.

Hellman, Roberta, and Marvin Hoshino. *Helen Levitt: Color Photographs*. El Cajon, California: Grossmont College, 1980.

———. *Helen Levitt: Fotografías*. Granada, Spain: Diputación General de Granada, 1994.

———. "Levitt Comes in Color Too," *Village Voice,* January 24, 1977: 71.

———. "The Photographs of Helen Levitt," *Massachusetts Review* 14, 4 (Winter 1978): 729–42.

Henri Cartier-Bresson: Mexican Notebooks. New York: Thames and Hudson, 1995.

Kismaric, Susan. *American Children: Photographs from the Collection of The Museum of Modern Art*. New York: Museum of Modern Art, 1980.

Kozloff, Max. "A Way of Seeing and the Act of Touching," *Observations* 35 (1984): 67–80. Reprinted in *The Privileged Eye: Essays on Photography*. Albuquerque: University of New Mexico Press, 1987.

Levitt, Helen, and James Agee. *A Way of Seeing*. New York: Viking Press, 1965. Second, revised edition, New York: Horizon Press, 1981. Third, revised edition, Durham, N.C.: Duke University Press, 1989.

Levitt, Helen, and Robert Coles. *In the Street: Chalk Drawings and Messages 1938–1948*. Durham, N.C.: Duke University Press, 1987.

Livingston, Jane S. *Helen Levitt*. Washington, D.C.: Corcoran Gallery of Art, 1980.

———. *The New York School: Photographs 1936-1963*. New York: Stewart, Tabori, and Chang, 1992.

Maddow, Ben. "New York City: Helen Levitt," *Aperture* 19, 4 (1975): cover, 36–43.

"Mexico: 8 Photographers." Unpublished manuscript. December 13, 1943. Department of Photography Archives, Museum of Modern Art, New York.

"Mirror, Mirror on the Wall . . . ," *Minicam Photography* 8:1 (September 1944): 44–45.

Mora, Gilles, and John T. Hill. *Walker Evans: Havana 1933*. New York: Pantheon Books, 1989.

Museum of Modern Art. *Art in Progress*. New York: Museum of Modern Art, 1944.

Museum of Modern Art. *Art of the Forties*. New York: Museum of Modern Art, 1991.

Naggar, Carole, and Fred Ritchin. *Mexico through Foreign Eyes*. New York: W. W. Norton, 1993.

Neuman, Alma. *Always Straight Ahead: A Memoir*. Baton Rouge: Louisiana State University Press, 1993.

Newhall, Beaumont. *The History of Photography from 1839 to the Present Day*. New York: Museum of Modern Art, 1949.

Newhall, Nancy. "Four Photographs," *Magazine of Art* 36, 4 (May 1943): 180–83.

———. "Helen Levitt's Photographs of Children," *Bulletin of the Museum of Modern Art* 11, 4 (April 1943): 8–9.

Novo, Salvador. *Nueva grandeza mexicana*. Mexico City: Editorial Hermes, 1946.

Oles, James. *South of the Border: Mexico in the American Imagination, 1914–1947*. Washington, D.C.: Smithsonian Institution Press, 1993.

———. "Views on the Periphery: Helen Levitt's Mexico City," *Luna Córnea* 8 (1995): 143–45.

Phillips, Sandra, and Maria Morris Hambourg. *Helen Levitt*. San Francisco: San Francisco Museum of Modern Art, 1992.

Rosenblum, Naomi. *History of Women Photographers*. New York: Abbeville Press, 1994.

———. *A World History of Photography*. New York: Abbeville Press, 1984.

"Small Fry: A Street Scene." *New York World-Telegram,* March 15, 1943: 14.

"Snooper with a Camera." *Time,* March 29, 1943: 48.

Soby, James T. "The Art of Poetic Accident: The Photographs of Cartier-Bresson and Helen Levitt," *Minicam Photography* 6, 7 (March 1943): 28–31, 95.

Solman, Joseph. "Helen Levitt," *Photo Notes* (Spring 1950): 13, 15.

Szarkowski, John. *Looking at Photographs: 100 Pictures from the Collection of The Museum of Modern Art.* New York: Museum of Modern Art, 1973.

Tillim, Sidney. "Photography and Remembrance," *Artforum* 30, 4 (December 1991): 74–79.

ACKNOWLEDGMENTS

The international exhibition of Helen Levitt's Mexico City work and the research for this essay were supported by the Fideicomiso para la Cultura México-Estados Unidos (The U. S.-Mexico Fund for Culture), a joint undertaking of the Rockefeller Foundation, the Fundación Cultural Bancomer, and the Fondo Nacional para la Cultura y las Artes. In particular, I would like to thank Marcela de Madariaga and Tomás Ybarra-Frausto for their assistance. Special thanks are also due Iris T. Hill, Alex Harris, Alexa Dilworth, Paul Elie, Maura High, and Julie Stovall at *DoubleTake*/Center for Documentary Studies at Duke University, Durham, North Carolina; Nancy Lutz, Terry Pitts, Trudy Wilner Stack, Dianne Nilson, and Pat Evans at the Center for Creative Photography, Tucson, Arizona; Sandra Berler, of the Sandra Berler Gallery, Chevy Chase, Maryland, who first introduced me to Levitt's Mexico City work; Pablo Ortiz Monasterio and Patricia Gola at *Luna Córnea* magazine; Patricia Mendoza, Director of the Centro de la Imagen, Mexico City; Jean-François Chevrier, Olivier Debroise, Annick Lempérière, and Philippe Roussin, for their enriching conversations about these images; and the staffs of the Library and of the Department of Photography at The Museum of Modern Art, New York. Fred Scruton copied the vintage prints used for the reproductions in this book. Pedro Serrano is also to be thanked for his masterful translation. Finally, all would have been in vain without the cooperation and patience of Marvin Hoshino and, of course, Helen Levitt herself.

AGRADECIMIENTOS

La exposición internacional de la obra de Helen Levitt sobre la ciudad de México y la investigación para este ensayo fueron apoyadas por el Fideicomiso para la cultura México-Estados Unidos (The U. S.-Mexico Fund for Culture), un proyecto común de la Rockefeller Foundation, la Fundación Cultural Banamex y el Fondo Nacional para la Cultura y las Artes. Quiero agradecer en particular a Marcela de Madariaga y a Tomás Ybarra-Frausto por su apoyo. También merecen un agradecimiento especial Iris T. Hill, Alex Harris, Alexa Dilworth, Paul Elie, Maura High y Julie Stovall del *DoubleTake*/Center for Documentary Studies at Duke University, Durham, Carolina del Norte; Nancy Lutz, Terry Pitts, Trudy Wilner Stack, Diane Nilson y Pat Evans del Center for Creative Photography, Tucson, Arizona; Sandra Berler, de la Sandra Berler Gallery, Chevy Chase, Maryland, que fue la primera en enseñarme la obra de Levitt sobre la ciudad de México; Pablo Ortiz Monasterio y Patricia Gola de la revista *Luna Córnea*; Patricia Mendoza, Directora del Centro de la Imagen, ciudad de México; Jean-François Chevrier, Olivier Debrois, Annick Lempérière y Philippe Roussin, por las enriquecedoras conversaciones sobre estas imágenes; y el personal de la Biblioteca y del Departamento de Fotografía del Museum of Modern Art, Nueva York. Fred Scruton copió las fotografías originales utilizadas para las reproducciones de este libro. Pedro Serrano se merece altos agradecimientos por su excelente traduccíon. Finalmente, todo hubiera sido en vano sin la paciencia y la cooperación de Marvin Hoshino y, por supuesto, de la misma Helen Levitt.

This book is composed in Monotype Dante, designed by Giovanni Mardersteig

Manufacturing by Arnoldo Mondadori Editore, Verona, Italy

Book design by Marvin Hoshino

This book complements the traveling exhibition *Mexico City 1941: Photographs by Helen Levitt*, which premiered at the Center for Creative Photography, The University of Arizona, from November 1997 to January 1998, and then was exhibited at the Center for Documentary Studies at Duke University from March to May 1998.

Library of Congress Cataloging-in-Publication Data

Levitt, Helen.
Helen Levitt : Mexico City / Helen Levitt ; with an essay by James Oles.
p.   cm.
"A DoubleTake book."
Includes bibliographical references.
ISBN 0-393-04549-8
1. Mexico City (Mexico)—Pictorial works.
2. Mexico City (Mexico)—Description and travel.
I. Oles, James.
F1386.1.L48   1997
972'.53—dc21   97-2724